Poèmes sur le fil

Eugénie Desuen

Poèmes sur le fil

© 2020 Eugénie Desuen

Éditeur : BoD-Books on Demand
12-14 rond-point des Champs-Élysées, 75008 Paris
Impression : Books on Demand, Norderstedt, Allemagne

ISBN : 978-2-3222-2129-5
Dépôt légal : Juillet 2020

Pour l'amour, et sa folie douce qui permet de créer

Osez, osez la rime

Le corps ivre

Et l'oeil insolent

Osez le livre

Et le doigt indolent

Celui qui désigne

Celui qui signe

Osez, osez l'amour

Sa voix, ses contours

Pour que dure auprès de toi

La plus belle des joies

Le livre des conquêtes

Dans le désert des Tatares

Giovanni Drogo a choisi la carrière des armes

Il vivra de temps manqué et de larmes

Les regrets l'envahissent

Plus que les remords qui surgissent

A la nuit étoilée

Quand il doit veiller

Une mauvaise toux

Qui dit son courroux

Les mirages s'animent

Pour l'amener vers l'abîme

Et la part de lui

Qui voudrait rester ici

Hurle la mort, hurle l'ennui

Il est évacué sur une civière

Retour dans le vieil empire

Dans son cimetière

Et là enterré le souvenir

De celle qu'il pensait avoir aimé

Qu'a-t-elle fait ?

La dernière image à ses pupilles dilatées

Et pour elle, est pour elle

Triomphe l'amour, au son des tambours

Retrouvés à jamais

Dans cet instant d'éternité

Quand son âme s'en est allée

Sur terre

Macbeth est un empereur germanique
Jamais faux les mots ne chantent pas
Ils vous donnent à mentir
Au tour des soldats de s'éprendre
Les fous et l'amour
Elle, ses mains d'alliance
Tous les murmures, tous ses rires
Et quelle peau douce
A la voir à demi nue

Les fleurs sourient vert
La nuit s'étrangle à son cou
Perles de pluie, perles de vie
Des songes courent sur ses lèvres
Tu as toutes les joies des planètes
Tout le soleil sur la terre
Sur les chemins de ta beauté
Je t... aime, aimerai(s)

Ces mots que nous ne dirons pas

Pour une meilleure nuit d'ivresse
Celle où le réveil ne sonne pas
Réveillé, éveillée par le bruit de ma peau
De tes doigts que tu ballades sur moi
Celle où le temps nous laisse écrire
Le plus joli des rires

Une idée d'amour
Pour toujours
Transcendée, dévorée,
Caressée, rythmée
De sons qui ne ressemblent à rien
Mais qui nous font du bien
Pelleté, muscles cabrés
Les variations du délice
La couronne trop lisse

Reflet d'une épée

La beauté que tu ne vois pas

En toi

La douceur que tu ne perçois pas

En toi

Je vois la lumière qui éclaire

Je vois l'enfant, l'homme

Dans un royaume

Trop grand

Excalibur

Et pour que dur

Les moments lents

Ceux où se figent le temps

La deuxième vie

Il a le regard vide

Il compte les jours et les secondes

Les jolies danses, et la terre féconde

La somme de ses pas arides

Des mirages plus forts que d'autres

Par l'écriture de ses apôtres

Viennent à sa mémoire

Il sent au bout de ses doigts

Le toucher qui n'a pas su trouver

Le sentiment non révélé

Sur son trône doré

Assis dans la plus grande des vallées

Il contemple le résultat

De Charybde et Scylla

Arès a perdu un oeil

Ses animaux magiques

Ne peuvent plus l'attraper

Il l'attend

Il sait qu'elle viendra

Elle lui a promis dans son rêve

Que ce soir se serait la trêve

Plus de table des lois

Qui enferme

Juste un oiseau qui murmure

A son épaule, trop lourde de son armure

La mélodie des gens de foi

Il écoute celle de la jeune et douce

Eurydice, Ishtar courroucent

Elle, son amour éternelle,

Immortels

Ensemble ils graviront la montagne

Il en fera sa compagne

De leur voix unies,

Ils feront une symphonie

Enfants, parents,

Avant, maintenant

Homme et Femme

Et que jamais ne s'éteigne leur flamme

La quête du lion Maroba

I

Le fil déroule sa bile

Il a un goût indicible

De ce qui remonte les pensées

De ce qui trouve de la beauté

Même dans le plus noir des tableaux

Voir la vérité en face

Pour que plus jamais

Je ne m'efface

Sans le goût de tes lèvres

A mon cou,

Ne pas savoir faire plus que ça

Juste aimer la lumière de nos débats, ébats, émois

Plus que ça

II

Vivre aujourd'hui tout ce temps passé

En accéléré,

L'oeil sur l'oreiller

Les mots d'amour ne restent pas

Sur ce banc, le regard dans le vague

Vague, vague à l'âme

Je surfe le désir fou

De ton amour pour nous

III

Sur la couleur floue de cette mémoire argenté

Il n'a rien su quitté, ni ses peurs, ni ses erreurs,

Elle a su donné le plus beau des remèdes

Une étincelle de douceur, de désir, donnée

Quand on ne l'attendait plus

En silence, murmures

Phénix, ailes déployées

Tapis volant au dessus du passé

La porte dans l'arbre m'amène à lui

La découverte dans la nuit

Les mots trop plein

Le souffle d'un rien

Le tout à le plus merveilleux

Des chardons bleus

Les terres reconnues

Sous l'écorce du vieux chêne

Rugit sa peine

Ô triste ciel

Se perdre dans la montagne

Par des chemins sinueux

Une fois, deux fois, trois fois

Tombe à terre la couronne des Rois

Attachés, reliés, déliées

Leurs langues se mêlent

Dans le plus beau des discours

Celui qui fait rugirent les troubadours

Tap, tap, tap,

Les bruits d'un cavalier se font entendre au loin

Il arrive pour leur plus grand bien

La plus grande des confiance l'anime

Ô traitre rime, l'hymne

Quand à ses lèvres portées

Le fusil qui tient en joue

La main sur ces cheveux

Samson reste, peau de renard roux

Tâchée de ces dernières conquêtes

Il respire et répète

Quelques uns vont souffrir

Les batailles

Prennent toujours au coeur

Nos entrailles.

Cherchez l'erreur

…

Râle de gorge,

Soupir

Explosion de délices
Cette terre est conquise

Les rivières coulent à torrent
Acte I, scène 2, au 3ème temps

Vague navire navigue sur la carte de mon coeur

Trop longtemps tut les peurs

Fin des faims

Demain,

Aujourd'hui déjà

Penser que dans quelques heures

Tu seras là près de moi

Pour que sonne le bonheur

Premiers poèmes d'amour

Vous arrive-t-il parfois ces choses là ?

Le coeur qui vogue

Le mal des pirogues

Ça tangue, ça va, ça vient

Pour ton odeur, une bouchée de pain

Je t'ai aimé sans te connaître

La vie joue parfois de drôles de tour

Et si, et si … là haut il n'y avait rien

Que c'est ici que nous devons tracer nos chemins

Laisser l'empreinte indélébile sur ta bouche, sur tes reins

Des matins pour presque rien

Des matins bonheur, remplis de mille heurts

Les mal aimés et les plus désirés

Peu à peu, doucement

En serrant parfois les dents

Et surtout en te caressant

La richesse intérieure, le trésor extérieur

Je suis femme pour tous les Hommes

Je suis homme pour le premier des pères de nos fil(s)

Le répétiteur, le professeur

Et la nuit consommée devra s'achever

Thème éclusé

L'épicerie revisitée
Chaque pas, chaque voix
Devient l'objet
D'une nouvelle scène
Chantée, dansée
Pour te dire je t'aime
Faite pour te plaire
Ecume de la mer
Ecume de souvenir
Où je t'entends rire
Où j'entends tes soupirs
N'être pas que
Etre pour deux
Des gens heureux
Une seule ronde
Celle de notre monde

L'instant unique

I

L'avais-tu deviné ?
Mon regard posé sur tes mains
Et qui ne voit rien
Qui ne veut rien voir
Triste miroir
De ce qu'on ne veut pas dire, pas écrire
Et pourtant, dans le silence, ou dans l'oubli
Les mots touchent hagard
La triste iris de ton regard

II

Comme la lente explosion d'une idée
Le cri, tu, enfin révélé
Laisse éclater la plus douce des vérités
Un jour dans la réalité
Je t'embrasserai

III

Pas tout à fait moi, pas tout à fait lui

Je m'ennuie

Ne laisse pas au bord du chemin

Les sourires échangés et les vieux refrains

Tantôt aimé, tantôt haï

Les souvenirs font mal

La douce cabale

De la mémoire trahie

Prie le ciel de rester éternelle

Je rêve, rêve encore

De serrer son corps

La liste de mes envies

Je t'aime pour mille et une raisons

Je t'aime pour la douceur de ta peau sur la mienne

Les doigts que tu as croisé sur les miens

Comme une promesse de meilleurs lendemains

Je t'aime pour toutes ces femmes que tu as connu

Celle avec qui tu ne seras plus

Celle que je voudrais être pour toi

Ici et là

Pour nos mots, un peu idiots

Beauté d'un amour qui tremble dans un seul regard

La folie douce de nos miroirs

Affirmé, resté gravé

Je t'aime pour ta douceur

Je t'aime pour ces colères que je te connais

Et l'intention cruelle

De t'aimer plus que le ciel

Personne n'a jamais dit que ce serait facile

Trois notes Gershwin,
Table tapis tamisé
L'après errance poétique
Main effleurée, liée
Les masques sont tombés

Le silence a disparu
Çe me fait aussi peur que ses armes
Lèvres charnues,
Elle dit, il dit sa mise à nue
Un jour j'ai su

Que je ne partirai pas sans toi
Ici, là bas, ici, là
Maintenant, je mens nuit
La lune pleine
Recueille mes peines
Je crois que je l'aime

Garde mes ailes

Je veux tes racines

L'amour qui fascine

Couleur de miel

As-tu vu ces lumières, mille éclats semant l'été,

Quand tu sors là de cette journée ?

La tête dans tes pensées

Ce ciel couleur bleu, rose, orangé, violet,

Milles couleurs d'hiver, plus belles que celles de la journée

L'aviez-vous deviné ?

Une vie dehors pour des milliers en robes surannées

As-tu senti parfois que tout pouvait commencer ?

Sur le geste d'un mot et d'un baiser

L'épaule, la main, l'oreille frôlée

La mémoire inconnue, la mémoire infinie

Moi qui n'avais jamais compris

Ce dernier refrain, ce dernier couplet

A jamais chanté

Pour les âmes perdues et retrouvées

On sera un rêve idéal

Gravé sur nos pierres tombales

La lente explosion d'une idée

Celle de t'aimer à jamais

Quoi qu'il arrive

Même si on part à la dérive

Celle de s'être engagés

Pour faire de nous une réalité

A l'impersonnel, à l'indifférent

Devenir un doux présent

Ensemble, les mains liées, déliées

Des mauvais souvenirs mâchés

Et écrire

Sur cette photo qui ne veut rien dire

La plus belle des mélodies

Dans le creux de nos nuits

A l'ombre, cette poussière

Elle regarde vers la sombre lumière

Pourrais-je seulement lui dire ?

Ces souvenirs, ses souvenirs

L'univers

Tous nos particules embrassées

Pour te créer

Eugénie Desuen et Pierre Delgrin, écriture(s) à deux mains

Nourritures nocturnes

Telos et Skopos

Il est mon sauveur

Je suis son lien

La ronde infinie de nos vies

Dans un miracle transmis

Ma mémoire inconnue,

Trouvée - perdue

Le geste qui veut dire

A jamais je ne pourrai t'oublier

Papier crayon tracé

Parcourir ton corps

Le goût du sort

Nous nous sommes aimés

Les sillons de nos peaux

La marque du plus beau

Deux facettes d'un même miroir

Que je me tends, que je lui tends

Il était là, il a posé sa main sur mon épaule

Longtemps il m'a accompagné, accompagne, accompagnera

Je lui dirai mes jours avec de l'amour de peu, l'amour et ses émois

Je lui dirai ce qu'il se partage et ce qui est tout à lui

Ce qu'il a oublié et qui est fini

Elle - seconda vida

Des mille noms que je t'ai donné
Je n'en ai gardé qu'un

Ton regard sur mon âme posée

L'accord des corps qui se cherchent

Des voix aux douces notes envolées

De la plus belle des lumières caressées

T'appeler, me nommer,

Par le bleu des blessures

Se fissure une armure

Déchirées, oubliées

Grandir et nous accepter

Te parler de l'ironie

De la douceur parfois de l'ennui

D'un idéal qui n'aura de foi que sur cette route

Où nous éloignons ensemble nos doutes

Me voudras-tu à demi nue ?

Je serai secrète, et tu seras beau le jour

Je suis déjà tout à toi

Faut-il que je te nomme pour que tu me crois ?

I know why the caged birds sing

Colibris

Bris de glace, de l'autre côté du miroir

Je ne vois plus que toi

Au goût umami

Dans nos kakémono heureux

Joli(e)s,

Déli-délicieux

10/20

La note

Lien noué de rien, bien, mains

Ne jamais l'oublier, joker. KO, jamais
Je te révélerai
A jamais lié
C'est la carte la moins jouée
Celle qu'on veut toujours garder
Mais celle qui transforme tout le reste du jeu
Plus de règle des reines et rois livrés à eux
Qui ont cru surpassé
Le 2 de coeur
Libère le triste tableau
Du peintre d'Atala au tombeau

Sans mentir
Je suis le scélérat
Sur les chevaux du plaisir
Qui vivra en eux, toi, lui, moi, verra

Des rôles de vie

Qui au delà de la nuit

Raisonnent,

Résonnent

Sonnent

Le voyage,

Les mirages

Les images,

Quand tu danses,

Dans ces lieux où nous ne reviendrons plus

Sur ces terres connues, inconnues, reconnues

Poussière pensée

Amour noyé

Dans les larmes

Tristes armes

Le balancier du coeur

Le doute de soi

Le doute de l'autre

Quel est le pire Roi ?

Qui sera l'Apôtre ?
Est-ce pour le meilleur ?

Gouverner ses propres erreurs

Les cris silencieux mal entendu

Le temps mal vécu

A l'heure où le printemps sonne

Les mauvais échos résonnent

Sable fin éparpillé par le vent

Jamais le sang ne ment

Les songes que j'ai laissé

Sur cette terre brûlée

La source de la rivière

Quelque part. Terre

Les murs érigés par des hommes trop grands
Les chemins de travers empruntés
Pour te trouver, liberté
Et toi, mon tendre amant

Par l'arme du désir
Je soupire
Prie, aime,
Déjà loin
La haine
Le doute

Je sais que sur ma route
J'ai laissé un fragment de moi
Qui jamais ne reviendra
L'innocence de celle qui croit
A quelque chose plus fort que nous

Mon poisson nageant dans les eaux
D'un poison d'amour

Je bâtirai des églises et des cathédrales

Aux immenses tours

Pour un seul de tes râles
Brusque sursaut

La vie.

Tempus fugit

Quatre heures l'intensité des secondes
Les danses moqueuses
Diablotins qui n'ont peur de rien
Demi-déesses touchées dans une confession

Allongée sans toi
Allongée avec toi
Des vagues me montent à la tête
Quand je suis sûr de moi
Quand je suis sûre de toi

Novembre à jamais
Où pour la première fois je t'ai dénudé

Vénus est née des mains d'Alexandro,
Des débris d'un grand incendie
Chanter le renouveau
Là en bas, là sur les terres du milieu

Là où le corps rencontre les cieux

Dans leurs échos, je chercherai à boire à nouveau

Les mouvements désordonnés du chaos

Son nectar,

Sous l'oeil moqueur

De mon miroir,

De mes erreurs

Adaptation

Macbeth, it's beautiful!

Great brother of poisoned apples, it is a noisy World!

You're a bastard, Mr. Death,

And I wish you didn't have no look-in here.

I don't know how the rest of you feel,

But I feel drunk all the time

And I wish to hell we didn't have to die.

Oh, you're an American beauty, Mr. Death,

And I wish you didn't have no hand in this game

Because it's too damn to die after having touched finally the one(s).

Adaptation of Eugénie Desuen from the poem I Ffeel drunk all the time by Kenneth Patches

Tourbillon

Ce mal que l'on se fait
Ce bien que l'on tait
La main qui parcoure l'horizon
Sera-t-il le bon ?
En se disant où es-tu allée ?
Mon amour partagée
Mes amis désirés

Ils ont voulu te dire
Qu'ils ont vu ce sourire
Inversé, déchiré
Ils ont voulu te dire
La beauté des sbires
Que tu regardes en pensant
A une vie autrement
Une vie tous les deux,
Tous les deux enlacés

Le bonheur

Ou juste la somme des erreurs

Que je veux faire, et refaire

Avec toi jusqu'à être brûlé au fer

Pour toujours

Mon amour

Rewind

A la fin, il sera là observant les ruines de la lune

Dans le théâtre rouge, le fantôme fera des vocalises

A défaut de ses valises, perdues sur le parquet craquelant

Il pensera que c'était mieux en rêvant

Et pourtant, et pourtant, tu décideras

Le meilleur pour elle(s), pour toi

Marquera la samba de ton choix

Sur tes racines et ses ailes

Une vague éraflure sur le reflet de ton miroir

Plaie profonde, ou superficielle

Elle n'ira pas choir

Ton aura,

Elle la caressera.

Le livre poignardé n'a plus de mémoire

Il ne reste dans les lignes que les milles visages

D'un amour sans âge

A perdre dans de profonds tiroirs

Au commencement, nous n'étions qu'un

Plus fort qu'un premier béguin

A midi, deux temps et trois pas

A minuit, tout recommencera

Le cercle bleu

Comme une onde que l'eau vogue

Ses doigts murmurent dans la nuit bleue

Malheureux dialogue

Ils attendent orgueilleux

Le goût du sel

Le septième ou la première, qui t'appelle ?

Je connais mes maux

Mais le temple de Delphes est trompeur

Il se joue de nos heures

Et pourtant nous devons rester beaux

Passé sous la porte bleue, dans la cour fleurie

Le soupir qu'elle a eu

Le regard qu'il a laissé se promener sur eux

A jamais joué dans la nuit

Ses deux mains qui se touchent, ses 4 mains qui s'éprennent

Rien ne vaut ces jeux, ses vieux thèmes en sirène

Le temps m'échappe, les souvenirs restent

Et toi, toujours là, toujours héros et loi

Même si tes danses, les heures se perdent

Le temps ne fuit pas quand tu es avec moi

L'histoire de la vie, la ronde sublimée

Pour ton étincelle sous mon sein

Et que le monde d'avant ne soit plus rien

Pour que le monde d'après soit celui où je t'ai aimé

Espérance

J'aimerai être lui, elle, un son, ta voix, ses images que vous postez sur internet

J'aimerai être la fumée de ta cigarette,

Plaisir coupable

J'aimerai être dans ce salon qui perd son temps ce notable

J'aimerai être une bibliothèque pour connaître tout le savoir du monde

J'aimerai juste être un livre dans une bibliothèque

A Baalbek, Paris, Lyon, New York, ici ou là

Attrapé par les mains grises de celui qui longtemps veilla

Caressé par les rêves d'une adolescente

Composé, pavané,
Au bord de l'abîme

Balafré, mal rangé,

Trop de cicatrices

Bleu, rouge, à vif, à vice,

A cent, à découvert, touché

Il est coupé, déchiré,

Stature d'armure

Ses griffes s'emmêlent

A elle

Elle le touche, elle le lit

Au seul contact de l'objet, elle s'ennuie

De son Désir, la connaissance

La vérité, elle a tout crié

Je ne la connais pas, je la sens

Au fond de moi

Dans le gouffre, souffre

Suffire, mentir

Destinée mêlée de rires

Premier pas

Le parquet est craquelé, un bruit de fantôme
Deuxième pas qui résonne
Qui va là ?
Cette voix ? D'où vient-elle ?
Son corps le trompe
Ses mains sourient à l'envie
Ses yeux s'immobilisent
A croire que ce son l'autorise
A n'être qu'un jeu heureux

Je veux mourir malheureux et juste te regretter
L'amour qui a précédé, l'amer amitié
Je veux vivre heureuse de t'avoir reconnu
Dans ce café, dans cette rue

Et si tu avais toujours été là

Si l'aiguille de cette montre n'avait fait qu'imprimer jour après jour

Tes pas, dans les miens pour le bien entre elles de notre lèvre arrachée

La musique oubliée, le cantique démodé

Les avis des autres, les miens, ceux qui pensent ne valoir plus rien

Ceux qui auraient tout donné, ceux qui n'ont jamais su qu'ils auraient été

Toi et moi, sur cette note là, cet écho

Le dernier acte est joué cher Othello.

A jamais joué le père des hommes est né.

Le dormeur du Val

Victime d'une cabale
Cherche ce qui a été fait de son nombre
172, 540, 23, … les décombres
Les chiffres désordonnées
D'une suite qui n'a pas été donnée

La géographie des lieux
Tend à prouver un manque de sérieux
Celles et ceux qui ont pris son langage
Ont oublié de prendre aussi les 7 Sages
La mémoire intemporelle, la mémoire infinie
Poursuivra cette fourberie
Et le dormeur se réveillera
Plus fort, il jouera

Un temps, deux temps, trois temps,
L'ennui et le présent
Le monde des fleurs et des saules
Le monde des peurs et des cabrioles

Telle mer, tel fils

Les vagues scélérates, les tempêtes,
Tambour et trompettes
Le ciel du 50ème rugissants
Zeus, père des Dieux, a choisi le tonnerre,
Fait à jamais voguer les océans
Et tombé les hommes à terre

Le point de singularité sera atteint en l'an 2043
Paraît-il quand nous serons Princes, Reines et Rois

Il y aura dans l'oeil du Cyclone
Des gens simples et des clones
Il y aura des miracles, des mirages
Des femmes et des hommes sans âge

Prends la mer mon fils

Aux copains d'abord et à ton équipage

Vous ferez le plus beau des voyages

Le temps sera ton complice

Je t'attendrai.

Roue, roule, ma boule

Dévale, cavale

Il dit tes silences me parlent

Elle dit tes mots me chamboulent

Arrimé sur les balcons du Ciel

Elle perd son sang, elle perd ses os

Elle est prisonnière d'un Château

Doucement, sans pâlir l'amour artificiel

Coule, avale. Remise de peine partielle

Nous nous reverrons bientôt. Roméo.

« Quel est ton nom mon étoile lointaine ?

Que je ne t'oublie pas

Pour que tu guides chacun de mes pas »

Et les échos insolents ne lui dirent qu'Aime

Rêve ou réalité, réalité du rêve, rêvé éveillé

Il n'a jamais su ce que leur histoire ici avait été

Mais allongé(e)s, mains enlacées

Dans le creux de la nuit

Il(s) avai(en)t trompé l'ennui

Il avait su la relever

Microsillon

D'or et d'argent
Sous tes mains, dans tes pas
Pêcheur des sentiments
Quand tu murmures, ou pas

Les mérou goliaths ont fait front
David a perdu son venin, son poison
Ton ami est perdu
Et toi ? Où iras-tu ?

Quel chemin sera le tien ?
Dans tes yeux accrochés les miens
Sur tes lèvres abîmées, l'adolescence
Incandescente, impatience

Aux nobles chevaliers
Mon coeur à jamais donné
Aux anges tombés

La vie pardonnée

Les hommes, les anges, ton contour
Diront l'amour

Les heures (ré)créatives

Il est venu le temps des cathédrales de mots

Lancé à la volée à tous mes héros

Saviez-vous que les baisers sont comme des simbleau

Qu'ils habillaient mes milles et une peau

J'ai couru, une chimère

Les pieds attachés à des fers

J'ai été allongée

L'esprit libre comme jamais

Je suis revenue parmi les nuages

A la recherche de mon équipage

De rêves en cicatrices marquées

Je n'ai rien regretté

Où est passé le grand horloger ?

Tic tac tic tac fait l'horloge qui tique
Qu'on ne l'écoute plus
Les anciens sont oubliés
Chaque jour le temps fuit
Les demi-dieux les sont égarés
Dans les mirages
Les nuages sont moribonds
La colère du maton
Sera grande mais éphémère

Bémol et quartet
Ce soir font la fête

Amer tendresse
Dans ma détresse
Je navigue sur les échos de mon âme
Ma mémoire me rappelle à toi
D'une façon que tu ne devines pas

La maison des animaux chantants, qui ont oublié les paroles : ils sont sourds, ils sont aveugles, mais leurs doigts, leurs mains s'effleurent, se touchent, s'agrippent, se repoussent, reviennent paume contre paume, paumé contre paumé

Le paradoxe c'est la vie ?

Le paradoxe c'est l'amour

« Cueillez, cueillez votre jeunesse,
Comme à cette fleur la vieillesse
Fera ternir votre beauté. »

Pierre de Ronsard

Théodore, ce recueil est aussi pour toi.

Pour les amours de ta vie, que j'espère tu vivras